Roberto Bolaño

tres

Translated by LAURA HEALY

A NEW DIRECTIONS BOOK

Originally published as *Tres* by Acantilado, Barcelona, Spain. Published by arrangement with the Heirs of Roberto Bolaño and The Andrew Wylie Agency, New York.

The translator would like to extend her gratitude to the following people for their help and encouragement: Forrest Gander, Zach Green, Jonah Gabry, Mariana Piazze, Mónica de la Torre, and the Woodberry Translation Group.

New Directions would also like to thank Camilo Ramirez and Mónica de la Torre.

Grateful acknowledgment is made to the magazines where some of these poems originally appeared: *Bomb*, *A Public Space*, *Threepenny Review*, and *Aldus Journal*.

Manufactured in the United States of America
Published simultaneously in Canada by Penguin Books Canada, Ltd.
New Directions Books are printed on acid-free paper.
First published as a New Directions Book in 2011.

Library of Congress Cataloging-in-Publication Data
Bolaño, Roberto, 1953–2003.
[Tres. English & Spanish]
Tres / Roberto Bolaño ; translated by Laura Healy.
p. cm.
"Originally published as Tres by Acantilado, Barcelona, Spain" [c2000]—T.p. verso.
Three long poems.
Parallel text in English and Spanish.
ISBN 978-0-8112-1927-3 (hardcover : alk. paper)
I. Healy, Laura. II. Title.
PQ8098.12.O38T7413 2011
861'.64—dc23
                    2011020406

10 9 8 7 6 5 4 3 2 1

New Directions Books are published for James Laughlin
by New Directions Publishing Corporation,
80 Eighth Avenue, New York 10011

Contents

for Carolina López

If you're going to say what you want,
you're going to hear what you don't want.

ALCEO DE MITILENE

PROSA DEL OTOÑO
EN GERONA

para Ponç Puigdevall

PROSE FROM AUTUMN IN GERONA

for Ponç Puigdevall

Una persona—debería decir una desconocida—que te acaricia, te hace bromas, es dulce contigo y te lleva hasta la orilla de un precipicio. Allí, el personaje dice ay o empalidece. Como si estuviera dentro de un caleidoscopio y viera el ojo que lo mira. Colores que se ordenan en una geometría ajena a todo lo que tú estás dispuesto a aceptar como bueno. Así empieza el otoño, entre el río Oñar y la colina de las Pedreras.

A woman—I ought to say a stranger—who caresses you, teases you, is sweet with you and brings you to the edge of a precipice. There, the protagonist gasps or goes pale. As if he were inside a kaleidoscope and caught sight of the eye watching him. Colors arranging themselves in a geometry far from anything you're ready to accept as okay. And so begins autumn, between the Oñar river and the hill of las Pedreras.

La desconocida está tirada en la cama. A través de escenas sin amor (cuerpos planos, objetos sadomasoquistas, píldoras y muecas de desempleados) llegas al momento que denominas *el otoño* y descubres a la desconocida.

En el cuarto, además del reflejo que lo chupa todo, observas piedras, lajas amarillas, arena, almohadas con pelos, pijamas abandonados. Luego desaparece todo.

The stranger is sprawled on the bed. Passing through love-less scenes (smooth bodies, sadomasochistic toys, pills and grimaces of the unemployed) you get to the point you call *autumn* and discover the stranger.

In the bedroom, in addition to the reflection that sucks up everything, you notice stones, yellow reefs, sand, hair on pillows, abandoned pajamas. Then it all disappears.

Te hace bromas, te acaricia. Un paseo solitario por la plaza de los cines. En el centro una alegoría en bronce: «La batalla contra los franceses.» El soldado raso con la pistola levantada, se diría a punto de disparar al aire, es joven; su rostro está conformado para expresar cansancio, el pelo alborotado, y ella te acaricia sin decir nada, aunque la palabra caleidoscopio resbala como saliva de sus labios y entonces las escenas vuelven a transparentarse en algo que puedes llamar el ay del personaje pálido o geometría alrededor de tu ojo desnudo.

She teases you, caresses you. A solitary walk through the plaza by the cinema. In the middle an allegory in bronze: "The Battle Against the French." The private soldier with his pistol raised, as if on the verge of firing blind, is young; his face is twisted to express exhaustion, his hair wild, and she caresses you saying nothing, even though the word kaleidoscope drips like saliva from her lips and then the scenes go transparent again in something you might call the gasp of the pale protagonist or the geometry around your naked eye.

Después de un sueño (he extrapolado en el sueño la película que vi el día anterior) me digo que el otoño no puede ser sino el dinero.

El dinero como el cordón umbilical que te comunica con las muchachas y el paisaje.

El dinero que no tendré jamás y que por exclusión hace de mí un anacoreta, el personaje que de pronto empalidece en el desierto.

After a dream (in the dream I've extrapolated the film I saw the day before) I tell myself autumn can be nothing but money.

Money like the umbilical cord that connects you to girls and the landscape.

Money that I'll never have and that by exclusion makes me a hermit, the protagonist who suddenly goes pale in the desert.

«Esto podría ser el infierno para mí.» El caleidoscopio se mueve con la serenidad y el aburrimiento de los días. Para ella, al final, no hubo infierno. Simplemente evitó vivir aquí. Las soluciones sencillas guían nuestros actos. La educación sentimental sólo tiene una divisa: *no sufrir*. Aquello que se aparta puede ser llamado desierto, roca con apariencia de hombre, el pensador tectónico.

"This could be hell for me." The kaleidoscope moves with the serenity and torpor of the days. For her, in the end, there was no hell. She simply sidestepped living here. Simple solutions guide our actions. Sentimental education has only one motto: *Don't suffer.* The thing moving away can be called desert, rock that looks like a man, the tectonic thinker.

La pantalla atravesada por franjas se abre y es tu ojo el que se abre alrededor de la franja. Todos los días el estudio del desierto se abre como la palabra «borrado». ¿Un paisaje borrado? ¿Un rostro en primer plano? ¿Unos labios que articulan otra palabra?

La geometría del otoño atravesada por la desconocida solamente para que tus nervios se abran.

Ahora la desconocida vuelve a desaparecer. De nuevo adoptas la apariencia de la soledad.

The screen, crossed by strips, opens up and it's your eye that opens around the strip. Every day the study of the desert opens up like the word "erasure." An erased landscape? A face in the foreground? Some lips shaping another word?

The geometry of autumn crossed by the stranger, just to open up your nerves.

Now the stranger disappears again. Once more you assume the look of solitude.

Dice que está bien. Tú dices que estás bien y piensas que ella debe de estar realmente bien y que tú estás realmente bien. Su mirada es bellísima, como si viera por primera vez las escenas que deseó toda su vida. Después llega el aliento a podrido, los ojos huecos aunque ella diga (mientras tú permaneces callado, como en una película muda) que el infierno no puede ser el mundo donde vive. ¡Corten este texto de mierda!, grita. El caleidoscopio adopta la apariencia de la soledad. Crac, hace tu corazón.

She says she's okay. You say you're okay and think she must really be okay and that you really are okay. Her expression is gorgeous, as if she were seeing for the first time the scenes she'd wished for her whole life. Then comes the rotten breath, eyes hollow even though she claims (while you keep quiet, as in a silent film) that hell can't be the world she lives in. Cut it out with this bullshit text! she screams. The kaleidoscope assumes the look of solitude. Crack, goes your heart.

Al personaje le queda la aventura y decir «ha empezado a nevar, jefe».

The protagonist is left with adventure and saying, "It's started snowing, boss."

De este lado del río todo lo que te interesa mantiene la misma mecánica. Las terrazas abiertas para recibir el máximo sol posible, las muchachas aparcando sus mobilettes, las pantallas cubiertas por cortinas, los jubilados sentados en las plazas. Aquí el texto no tiene conciencia de nada sino de su propia vida. La sombra que provisionalmente llamas autor apenas se molesta en describir cómo la desconocida arregló todo para su momento Atlántida.

From this side of the river everything that interests you keeps the same mechanics. The balconies open to let in the most sun possible, the girls parking their mopeds, the screens covered by curtains, the retirees sitting in the plazas. Here the text isn't conscious of anything but its own life. The shadow you're provisionally calling author barely even bothers to describe how the stranger prepared everything for her Atlantis moment.

No es de extrañar que la habitación del autor esté llena de carteles alusivos. Desnudo, da vueltas por el centro contemplando las paredes descascaradas, en las cuales asoman signos, dibujos nerviosos, frases fuera de contexto.

Resuenan en el caleidoscopio, como un eco, las voces de todos los que él fue y a eso llama su paciencia.

La paciencia en Gerona antes de la Tercera Guerra.

Un otoño benigno.

Apenas queda olor de ella en el cuarto …

El perfume se llamaba *Carnicería fugaz* …

Un médico famoso le había operado el ojo izquierdo …

It's hardly surprising that the author's room is full of allusive posters. Naked, he paces around contemplating the peeling walls, where he begins to make out signs, nervous drawings, out-of-context phrases.

Ringing in the kaleidoscope, like an echo, are the voices of all those he used to be, and this he calls his patience.

Patience in Gerona before the Third War.

A benign autumn.

Her scent barely lingers in the room ...

The perfume was called *Fleeting butcher shop* ...

A famous doctor had operated on the left eye ...

La situación real: estaba solo en mi casa, tenia veintiocho años, acababa de regresar después de pasar el verano fuera de la provincia, trabajando, y las habitaciones estaban llenas de telarañas. Ya no tenía trabajo y el dinero, a cuentagotas, me alcanzaría para cuatro meses. Tampoco había esperanzas de encontrar otro trabajo. En la policía me habían renovado la permanencia por tres meses. No autorizado para trabajar en España. No sabía qué hacer. Era un otoño benigno.

The real situation: I was alone in my house, I was twenty-eight, I'd just come back from a summer spent working outside the province, and the rooms were full of cobwebs. I no longer had a job and my money, really stretching it, would last me four months. And I had no hope of finding another job. At the police station they had renewed my visa for three months. Not authorized to work in Spain. I didn't know what to do. It was a benign autumn.

Las dos de la noche y la pantalla blanca. Mi personaje está sentado en un sillón, en una mano un cigarrillo y en la otra una taza con coñac. Recompone minuciosamente algunas escenas. Así, la desconocida duerme con perfecta calma. Luego le acaricia los hombros. Luego le dice que no la acompañe a la estación. Allí observas una señal, la punta del iceberg. La desconocida asegura que no pensaba dormir con él. La amistad—su sonrisa entra ahora en la zona de las estrías—no presupone ninguna clase de infierno.

Es extraño, desde aquí parece que mi personaje espanta moscas con su mano izquierda. Podría, ciertamente, transformar su angustia en miedo si levantara la vista y viera entre las vigas en ruinas los ojillos de una rata fijos en él.

Crac, su corazón. La paciencia como una cinta gris dentro del caleidoscopio que empiezas una y otra vez.

¿Y si el personaje hablara de la felicidad? ¿En su cuerpo de veintiocho años comienza la felicidad?

Two in the morning and a blank screen. My protagonist is sitting in an armchair, in one hand a cigarette and in the other a cup of cognac. He's carefully reworking some scenes. There. The stranger sleeps with perfect calm. Then she rubs his shoulders. Then she says not to walk her to the station. There you pick up a signal, the tip of the iceberg. The stranger assures him she hadn't planned on sleeping with him. Friendship— her smile now enters the wrinkle zone—doesn't presuppose any sort of hell.

It's odd, from here it seems my protagonist is swatting flies with his left hand. Surely I could transform his angst into fear if he were to lift his gaze and see, in the decayed rafters, a rat's beady eyes fixed on him.

Crack, his heart. Patience like a gray tape inside the kaleidoscope that you turn over again and again.

And if the protagonist were to speak of happiness? Does happiness begin in his twenty-eight-year-old body?

Lo que hay detrás cuando hay algo detrás: «llama al jefe y dile que ha empezado a nevar». No hay mucho más que añadir al otoño de Gerona.

Una muchacha que se ducha, su piel enrojecida por el agua caliente; sobre su pelo, como turbante, una toalla vieja, descolorida. De repente, mientras se pinta los labios delante del espejo, me mira (estoy detrás) y dice que no hace falta que la acompañe a la estación.

Repito ahora la misma escena, aunque no hay nadie frente al espejo.

What's there behind when there's something behind: "call the boss and tell him it's started snowing." There's not much more to add to autumn in Gerona.

A girl showering, her skin pink from hot water; wrapped around her hair, like a turban, an old discolored towel. Suddenly, while she puts on lipstick in front of the mirror, she looks at me (I'm behind) and says there's really no need to walk her to the station.

I'm replaying that same scene now, though no one's in front of the mirror.

Para acercarse a la desconocida es necesario dejar de ser el hombre invisible. Ella dice, con todos sus actos, que el único misterio es la confidencia futura. ¿La boca del hombre invisible se acerca al espejo?

Sácame de este texto, querré decirle, muéstrame las cosas claras y sencillas, los gritos claros y sencillos, el miedo, la muerte, su instante Atlántida cenando en familia.

To get close to the stranger you've got to stop being the invisible man. She says, with all her actions, that the only mystery is the coming confession. Is the invisible man's mouth getting closer to the mirror?

Get me out of this text, I'll want to say, show me things clear and simple, clear and simple screams, fear, death, her Atlantis moment eating dinner with family.

El otoño en Gerona: la Escuela de Bellas Artes, la plaza de los cines, el índice de desempleo en Cataluña, tres meses de permiso para residir en España, los peces en el Oñar (¿carpas?), la invisibilidad, el autor que contempla las luces de la ciudad y por encima de éstas una franja de humo gris sobre la noche azul metálico, y al fondo las siluetas de las montañas.

Palabras de un amigo refiriéndose a su compañera con la cual vive desde hace siete años: «es mi patrona».

No tiene sentido escribir poesía, los viejos hablan de una nueva guerra y a veces vuelve el sueño recurrente: autor escribiendo en habitación en penumbras; a lo lejos, rumor de pandillas rivales luchando por un supermercado; hileras de automóviles que nunca volverán a rodar.

La desconocida, pese a todo, me sonríe, aparta los otoños y se sienta a mi lado. Cuando espero gritos o una escena, sólo pregunta por qué me pongo así.

¿Por qué me *pongo* así?

La pantalla se vuelve blanca como un complot.

Autumn in Gerona: the School of Fine Arts, the plaza by the cinema, the unemployment rate in Catalonia, three months' permission to live in Spain, the fish in the Oñar (carp?), invisibility, the author contemplating the city lights and above them a strip of gray smoke over the metallic blue night, and in the background the silhouette of mountains.

A friend's words describing the girl he's lived with for seven years: "she's the boss."

It makes no sense to write poetry, old men speak of a new war and sometimes the recurrent dream comes back: author writing in dim lit room; faraway buzz of rival gangs fighting for a supermarket; rows of cars that will never run again.

The stranger, in spite of everything, smiles at me, she pushes aside the autumns and sits beside me. While I expect screaming or a scene, she just asks why I'm acting like this.

Why am I *acting* like this?

The screen goes blank like a conspiracy.

El autor suspende su trabajo en el cuarto oscuro, los mucha-chos dejan de luchar, los faros de los coches se iluminan como tocados por un incendio. En la pantalla sólo veo unos labios que deletrean su momento Atlántida.

The author sets aside his work in the dark room, the boys stop fighting, the car headlights come on as if sparked by fire. On the screen I see only some lips spelling out their Atlantis moment.

La muerte también tiene unos sistemas de claridad. No me sirve (lo siento por mí, pero no me sirve) el amor tentacular y solar de John Varley, por ejemplo, si esa mirada lúcida que *abraza* una situación no puede ser otra mirada lúcida enfrentada con otra situación, etc. Y aun si así fuera, la caída libre que eso supone tampoco me sirve para lo que de verdad deseo: el espacio que media entre la desconocida y yo, aquello que puedo mal nombrar como otoño en Gerona, las cintas vacías que nos separan pese a todos los riesgos.

El instante prístino que es el pasaporte de R. B. en octubre de 1981, que lo acredita como chileno con permiso para residir en España, sin trabajar, durante otros tres meses. ¡El vacío donde ni siquiera cabe la náusea!

Death, too, has some systems of clarity. It does me no good (too bad for me, but it does me no good). The solar and tentacular love of John Varley, for example, does me no good if that lucid gaze that *embraces* a situation can't be another lucid gaze when confronted with another situation, etc. And even if it were like that, the free fall it entails does me no good either in getting what I truly desire: the space that comes between the stranger and me, that thing I can imperfectly call autumn in Gerona, the blank tapes that separate us in spite of all the risks.

The pristine moment that is R. B.'s passport in October 1981, which says he's a Chilean with permission to live in Spain, without working, for three more months. A void where there's not even space for nausea!

Así, no es de extrañar la profusión de carteles en el cuarto del autor. Círculos, cubos, cilindros rápidamente fragmentados nos dan una idea de su rostro cuando la luz lo empuja; aquello que es su carencia de dinero se transforma en desesperación del amor; cualquier gesto con las manos se transforma en piedad.

Su rostro, fragmentado alrededor de él, aparece sometido a su ojo que lo reordena, el caleidoscopio ideal. (O sea: la desesperación del amor, la piedad, etc.)

So, it's hardly surprising that there's an abundance of posters in the author's room. Quick fragments of circles, cubes, cylinders give us an impression of his face when the light presses him; his lack of money morphs into love's desperation; any gesture of his hands morphs into a plea.

His face, in fragments around him, materializes at the mercy of his eye which reorganizes it, the ideal kaleidoscope. (That is: love's desperation, pleading, etc.)

MAÑANA DE DOMINGO. La Rambla está vacía, sólo hay algunos viejos sentados en los bancos leyendo el periódico. Por el otro extremo las siluetas de dos policías inician el recorrido.

Llega Isabel: levanto la vista del periódico y la observo. Sonríe, tiene el pelo rojo. A su lado hay un tipo de pelo corto y barba de cuatro días. Dice que va a abrir un bar, un lugar barato adonde podrán ir sus amigos. «Estás invitado a la inauguración.» En el periódico hay una entrevista a un famoso pintor catalán. «¿Qué se siente al estar en las principales galerías del mundo a los treinta y tres años?» Una gran sonrisa roja. A un lado del texto, dos fotos del pintor con sus cuadros. «Trabajo doce horas al día, es un horario que yo mismo me he impuesto.» Junto a mí, en el mismo banco, un viejo con otro periódico empieza a removerse; realidad objetiva, susurra mi cabeza. Isabel y el futuro propietario se despiden, intentarán ir, me dicen, a una fiesta en un pueblo vecino. Por el otro extremo las siluetas de los policías se han agrandado y ya casi están sobre mí. Cierro los ojos.

MAÑANA DE DOMINGO. Hoy, igual que ayer por la noche y anteayer, he llamado por teléfono a una amiga de Barcelona. Nadie contesta. Imagino por unos segundos el teléfono sonando en su casa donde no hay nadie, igual que ayer y anteayer, y luego abro los ojos y observo el surco donde se ponen las monedas y no veo ninguna moneda.

SUNDAY MORNING. The Rambla is deserted, just a few old guys sitting on benches reading the paper. At the far end, the silhouettes of two cops begin their rounds.

Isabel arrives: I raise my head from the newspaper and stare at her. She smiles, her hair is red. Beside her, a guy with short hair and a four-day-old beard. He says he's going to open a bar, a cheap place where his friends can go. "You're invited to the opening." In the newspaper there's an interview with a famous Catalan painter. "What do you think about being in the world's best galleries at only thirty-three?" A big blushing smile. Beside the text, two photos of the painter with his pieces. "I work twelve hours a day. It's a schedule I've imposed upon myself." Next to me, on the same bench, an old guy with a different paper begins to stir; objective reality, my head whispers. Isabel and the future proprietor say goodbye, they're trying, they tell me, to get to a party in a neighboring town. At the far end of the street, the silhouettes of the cops have grown bigger and they're already almost on top of me. I close my eyes.

SUNDAY MORNING. Today, same as last night and the day before, I've called a friend from Barcelona. No one answers. I imagine for a few seconds the phone ringing in her house where there's no one, same as yesterday and the day before, and then I open my eyes and stare at the coin slot and don't see any coins.

El desaliento y la angustia consumen mi corazón. Aborrezco la aparición del día, que me invita a una vida, cuya verdad y significación es dudosa para mí. Paso las noches agitado por continuas pesadillas.

Fichte.

En efecto, el desaliento, la angustia, etc.

El personaje pálido aguardando, ¿en la salida de un cine?, ¿de un campo deportivo?, la aparición del hoyo inmaculado. (Desde esta perspectiva otoñal su sistema nervioso pareciera estar insertado en una película de propaganda de guerra.)

Dejection and angst consume my heart. I curse the arrival of day, which calls me to a life whose truth and significance are doubtful to me. I spend my nights plagued by continuous nightmares.

Fichte.

Indeed, dejection, angst, etc.

The pale protagonist waiting, at the exit of a theatre? of a sports field? the arrival of the immaculate grave. (From this autumnal perspective his nervous system may seem spliced into a war propaganda film.)

Me lavo los dientes, la cara, los brazos, el cuello, las orejas. Todos los días bajo al correo. Todos los días me masturbo. Dedico gran parte de la mañana a preparar la comida del resto del día. Me paso las horas muertas sentado, hojeando revistas. Intento, en las repetidas ocasiones del café, convencerme de que estoy enamorado, pero la falta de dulzura—de una dulzura *determinada*—me indica lo contrario. A veces pienso que estoy viviendo en otra parte.

Después de comer me duermo con la cabeza sobre la mesa, sentado. Sueño lo siguiente: Giorgio Fox, personaje de un cómic, crítico de arte de diecisiete años, cena en un restaurante del nivel 30, en Roma. Eso es todo. Al despertar pienso que la luminosidad del arte asumido y reconocido en plena juventud es algo que de una manera absoluta se ha alejado de mí. Cierto, estuve dentro del paraíso, como observador o como náufrago, allí donde el paraíso tenía la forma del laberinto, pero jamás como ejecutante. Ahora, a los veintiocho, el paraíso se ha alejado de mí y lo único que me es dable ver es el primer plano de un joven con todos sus atributos: fama, dinero, es decir capacidad para hablar por sí mismo, moverse, querer. Y el trazo con que está dibujado Giorgio Fox es de una amabilidad y dureza que mi cara (mi jeta fotográfica) jamás podrá imitar.

I brush my teeth, wash my face, arms, neck, ears. Every day I go down to the post office. Every day I masturbate. I devote a large part of the morning to cooking food for the rest of the day. I kill time sitting, flipping through magazines. I try, over repeated cups of coffee, to convince myself that I'm in love, but the lack of tenderness—of a certain *kind* of tenderness—suggests the contrary. Sometimes I think I'm living somewhere else.

After eating I fall asleep at the table. I dream the following: Giorgio Fox, a comic book character, seventeen-year-old art critic, dines at a 30th floor restaurant in Rome. That's it. When I wake up I think that the brilliance of art undertaken and recognized in the prime of youth is something that has absolutely drifted away from me. Sure, I was in paradise, as an observer or a castaway—there where paradise had the form of a labyrinth—but never as a performer. Now, at twenty-eight, paradise has drifted away and the only thing I can see is a close-up of a young man with all his attributes: fame, money, in other words the ability to speak for himself, to move, to want. And the line with which Giorgio Fox is drawn has a friendliness and strength that my face (my photographic mug) will never be able to imitate.

Quiero decir: allí está Giorgio Fox, el pelo cortado al cepillo, los ojos azul pastel, perfectamente bien dentro de una viñeta trabajada con pulcritud. Y aquí estoy yo, el hoyo inmaculado en el papel momentáneo de masa consumidora de arte, masa que se manipula y observa a sí misma encuadrada en un paisaje de ciudad minera. (El desaliento y la angustia de Fichte, etc.)

I mean: there's Giorgio Fox with his crew cut, his pale blue eyes, doing just fine inside a neatly worked vignette. And here I am, the immaculate grave in the momentary role of mass consumer of art, mass that mutates and watches itself inserted in a mining town landscape. (Fichte's dejection and angst, etc.)

Recurrente, la desconocida cuelga del caleidoscopio. Le digo: «Soy voluble. Hace una semana te amaba, en momentos de exaltación llegué a pensar que éramos una pareja del paraíso. Pero ya sabes que sólo soy un fracasado: esas parejas existen lejos de aquí, en París, en Berlín, en la zona alta de Barcelona. Soy voluble, unas veces deseo la grandeza, otras sólo su sombra. La verdadera pareja, la única, es la que hacen el novelista de izquierda famoso y la bailarina, antes de su momento Atlántida. Yo, en cambio, soy un fracasado, alguien que no será jamás Giorgio Fox, y tú pareces una mujer común y corriente, con muchas ganas de divertirte y ser feliz. Quiero decir: feliz aquí, en Cataluña, y no en un avión rumbo a Milán o la estación nuclear de Lampedusa. Mi volubilidad es fiel a ese instante prístino, el resentimiento feroz de ser lo que soy, el sueño en el ojo, la desnudez ósea de un viejo pasaporte consular expedido en México el año 73, válido hasta el 82, con permiso para residir en España durante tres meses, sin derecho a trabajar. La volubilidad, ya lo ves, permite la fidelidad, una sola fidelidad, pero hasta el fin.»

La imagen se funde en negro.

Una voz en off cuenta las hipotéticas causas por las cuales Zurbarán abandonó Sevilla. ¿Lo hizo porque la gente prefería a Murillo? ¿O porque la peste que azotó la ciudad por aquellos años lo dejó sin algunos de sus seres queridos y lleno de deudas?

Recurring, the stranger hangs from the kaleidoscope. I tell her: "I'm mercurial. A week ago I loved you, in moments of exaltation I got to thinking we were a couple from paradise. But you know now I'm just a failure: those couples exist far from here, in Paris, in Berlin, in the nice part of Barcelona. I'm mercurial, sometimes I want greatness, sometimes just its shadow. The true couple, the only one, is the famous leftist novelist and the ballerina, before her Atlantis moment. I, on the other hand, am a failure, someone who'll never be Giorgio Fox, and you seem like an everyday woman, with a great desire to have fun and be happy. I mean: happy here, in Catalonia, and not on a plane headed for Milan or the Lampedusa nuclear plant. My inconsistency is loyal to that pristine moment, the ferocious resentment of being what I am, the dream in my eye, the bony nakedness of an old consular passport issued in Mexico in '73, good until '82, with permission to live in Spain for three months, without the right to work. Inconsistency, you see, allows for loyalty, just one loyalty, but until the end."

The image fades to black.

A voice-over explains the hypothetical reasons Zurbarán left Sevilla. Was it because people preferred Murillo? Or because the plague that battered the city in those years took some of his loved ones and left him deep in debt?

El paraíso, por momentos, aparece en la concepción general del caleidoscopio. Una estructura vertical llena de manchas grises. Si cierro los ojos, bailarán dentro de mi cabeza los reflejos de los cascos, el temblor de una llanura de lanzas, aquello que tú llamabas el azabache. También, si quito los efectos dramáticos, me veré a mí mismo caminando por la plaza de los cines en dirección al correo, en donde no encontraré ninguna carta.

Paradise, at times, appears in the general arrangement of the kaleidoscope. A vertical structure covered in gray blotches. If I close my eyes I'll see dancing in my head the reflections of helmets, the quaking of a field of spears, that thing you called jet. Also, if I cut the dramatic effects, I'll see myself walking through the plaza by the cinema toward the post office, where I won't find any letters.

No es de extrañar que el autor pasee desnudo por el centro de su habitación. Los carteles borrados se abren como las palabras que él junta dentro de su cabeza. Después, casi sin transición, veré al autor apoyado en una azotea contemplando el paisaje; o sentado en el suelo, la espalda contra una pared blanca mientras en el cuarto contiguo martirizan a una muchacha; o de pie, delante de una mesa, la mano izquierda sobre el borde de madera, la vista levantada hacia un punto fuera de la escena. En todo caso, el autor se abre, se pasea desnudo dentro de un entorno de carteles que levantan, como en un grito operístico, su otoño en Gerona.

It's hardly surprising that the author walks around naked in the middle of his room. The faded posters split open like the words he pieces together in his head. Later, almost without transition, I'll see the author out on a roof contemplating the landscape; or sitting on the floor, his back against a white wall, while in the room next door they torment some girl; or standing, in front of a table, his left hand on the wooden edge, his gaze lifted to a point offscreen. In any case, the author splits, he walks around naked in a milieu of posters that raise, like an operatic scream, his autumn in Gerona.

AMANECER NUBLADO. Sentado en el sillón, con una taza de café en las manos, sin lavarme aún, imagino al personaje de la siguiente manera: tiene los ojos cerrados, el rostro muy pálido, el pelo sucio. Está acostado sobre la vía del tren. No. Sólo tiene la cabeza sobre uno de los raíles, el resto del cuerpo reposa a un lado de la vía, sobre el pedregal gris blanquecino. Es curioso: la mitad izquierda de su cuerpo produce la impresión de relajamiento propia del sueño, en cambio la otra mitad aparece rígida, envarada, como si ya estuviera muerto. En la parte superior de este cuadro puedo apreciar las faldas de una colina de abetos (¡sí, de abetos!) y sobre la colina un grupo de nubes rosadas, se diría de un atardecer del Siglo de Oro.

AMANECER NUBLADO. Un hombre, mal vestido y sin afeitar, me pregunta qué hago. Le contesto que nada. Me replica que él piensa montar un bar. Un lugar, dice, donde la gente vaya a comer. Pizzas. No muy caras. Magnífico, digo. Luego alguien pregunta si está enamorado. Qué quieren decir con eso, dice. Explican: si le gusta seriamente alguna mujer. Responde que sí. Será un bar estupendo, digo yo. Me dice que estoy invitado a la inauguración. Puedes comer lo que quieras sin pagar.

CLOUDY DAYBREAK. Sitting in an armchair, with a cup of coffee in my hand, before having showered, I imagine the protagonist in the following way: his eyes closed, his face very pale, his hair dirty. He's lying on a train track. No. Only his head is over one of the rails, the rest of his body stretched out to the side of the track, on top of the whitish gray stones. It's strange: the left side of his body gives the impression of sleep's relaxation, but the other half seems rigid, stiff, as if he were already dead. In the upper part of the frame I can see a hillside of firs (yes, firs!) and on top of the hill a group of pink clouds, as if from a Golden Age dusk.

CLOUDY DAYBREAK. A man, poorly dressed and scruffy, asks me what I'm doing. I answer him, nothing. He replies that he's thinking of starting a bar. A place, he says, where people will go to eat. Pizzas. Not very expensive. Great, I say. Later someone asks if he's in love. What do you mean by that, he says. They explain: do you seriously like some woman. He replies that he does. It'll be a great bar, I say. He tells me I'm invited to the opening. You can eat whatever you want for free.

Una persona te acaricia, te hace bromas, es dulce contigo y luego nunca más te vuelve a hablar. ¿A qué te refieres, a la Tercera Guerra? La desconocida te ama y luego reconoce la situación matadero. Te besa y luego te dice que la vida consiste precisamente en seguir adelante, en asimilar los alimentos y buscar otros.

Es divertido, en el cuarto, además del reflejo que lo chupa todo (y de ahí el hoyo inmaculado), hay voces de niños, preguntas que llegan como desde muy lejos. Y detrás de las preguntas, lo hubiera adivinado, hay risas nerviosas, bloques que se van deshaciendo pero que antes sueltan su mensaje lo mejor que pueden. «Cuídate.» «Adiós, cuídate.»

A person caresses you, teases you, is sweet with you and then never speaks to you again. What do you mean, the Third War? The stranger loves you and then recognizes the slaughterhouse situation. She kisses you and then says that life's about moving forward, acquiring nourishment and looking for more.

It's funny, in the room, in addition to the reflection that sucks up everything (and hence the immaculate grave), there are children's voices, questions that arrive as if from far away. And behind the questions, you might have guessed, are nervous laughs, blocks that are crumbling but that first blurt out their message as best they can. "Take care." "Bye, take care."

El viejo momento denominado «Nel, majo».

That age-old moment they call "Fat chance, hon."

Ahora te deslizas hacia el plan. Llegas al río. Allí enciendes un cigarrillo. Al final de la calle, en la esquina, hay una cabina telefónica y esa es la única luz al final de la calle. Llamas a Barcelona. La desconocida contesta el teléfono. Te dice que no irá. Tras unos segundos, en los cuales dices «bueno», y ella te remeda, «bueno», preguntas por qué. Te dice que el domingo irá a Alella y tú dices que ya la llamarás cuando vayas a Barcelona. Cuelgas y el frío entra en la cabina, de improviso, cuando pensabas lo siguiente: «es como una autobiografía». Ahora te deslizas por calles retorcidas, qué luminosa puede ser Gerona de noche, piensas, apenas hay dos barrenderos conversando afuera de un bar cerrado y al final de la calle las luces de un automóvil que desaparece. No debo tomar, piensas, no debo dormirme, no debo hacer nada que perturbe el fije. Ahora estás detenido junto al río, en el puente construido por Eiffel, oculto en el entramado de fierros. Te tocas la cara. Por el otro puente, el puente llamado *de los labios*, oyes pisadas pero cuando buscas a la persona ya no hay nadie, sólo el murmullo de alguien que baja las escaleras. Piensas: «así que la desconocida era así y asá, así que el único desequilibrado soy yo, así que he tenido un sueño espléndido». El sueño al que te refieres acaba de cruzar delante de ti, en el instante sutil en que te concedías una tregua—y por lo tanto te transparentabas brevemente, como el licenciado Vidriera—, y consistía en la aparición, en el otro extremo del puente, de una población de castrados, comerciantes, profesores, amas de casa, desnudos y enseñando sus testículos y sus vaginas rebanadas en las palmas de las manos. Qué sueño más curioso, te dices. No cabe duda de que quieres darte ánimos.

Now you're slipping toward the plan. You arrive at the river. There you light a cigarette. At the end of the road, on the corner, there's a telephone booth and that's the only light at the end of the road. You call Barcelona. The stranger picks up the phone. She says she won't go. After a few seconds, during which you say "okay," and she echoes, "okay," you ask why. She says that Sunday she's going to Alella and you say you'll call her next time you're in Barcelona. You hang up, and a cold air enters the booth, out of nowhere, when you think the following: "it's like an autobiography." Now you're slipping through the winding streets. Gerona can be so bright at night, you think, just two sweepers chatting outside a closed bar and at the end of the road the lights of a car disappearing. I shouldn't drink, you think, I shouldn't sleep, I shouldn't do anything that might disturb my focus. Now you're stopped near the river, on the bridge built by Eiffel, hidden in the iron framework. You touch your face. On the other bridge, the bridge called *de los labios*, you hear footsteps, but when you look for the person there's no one there, just the rustle of someone descending the stairs. You think: "therefore the stranger was like this and that, and therefore, the only unstable one is me, therefore I've had a magnificent dream." The dream to which you're referring just crossed in front of you, in the subtle instant when you were acknowledging a truce—and so became transparent briefly, like the Lawyer of Glass—and it consisted of the apparition, on the other end of the bridge, of a crowd of eunuchs, merchants, professors, housewives, naked and holding their testicles and sliced-off vaginas in the palms of their hands. What a strange dream, you say. No doubt you want to cheer yourself up.

A través de los ventanales de un restaurante veo al librero de una de las principales librerías de Gerona. Es alto, un poco grueso y tiene el pelo blanco y las cejas negras. Está de pie en la acera, de espaldas a mí. Yo estoy sentado en el fondo del restaurante con un libro sobre la mesa. Al cabo de un rato el librero cruza la calle con pasos lentos, se diría estudiados, y la cabeza inclinada. Me pregunto en quién estará pensando. En cierta ocasión escuché, mientras curioseaba por su establecimiento, que le confesaba a una señora gerundense que él *también había cometido locuras*. Después alcancé a distinguir palabras sueltas: «trenes», «dos asesinos», «la noche del hotel», «un emisario», «tuberías defectuosas», «nadie estaba al otro lado», «la mirada hipotética de». Llegado a este punto tuve que taparme la mitad inferior de la cara con un libro para que no me sorprendieran riéndome. ¿La mirada hipotética de su novia, de su esposa? ¿La mirada hipotética de la dueña del hotel? (También puedo preguntarme: ¿la mirada de la pasajera del tren?, ¿la señorita que iba junto a la ventanilla y vio al vagabundo poner la cabeza sobre un raíl?) Y finalmente: ¿por qué una mirada hipotética?

Ahora, en el restaurante, mientras lo veo llegar a la otra acera y contemplar algo sobre los ventanales, detrás de los cuales estoy, pienso que tal vez no entendí sus palabras aquel día, en parte por el catalán cerrado de esta provincia, en parte por la distancia que nos separaba. Pronto un muchacho horrible reemplaza al librero en el espacio que éste ocupaba hace unos segundos. Luego el muchacho se mueve y el lugar lo ocupa un perro, luego otro perro, luego una mujer de unos cuarenta años, rubia, luego el camarero que sale a retirar las mesas porque empieza a llover.

Through the windows of a restaurant I see the owner of one of the major bookstores in Gerona. He's tall, a little bulky and he has white hair and black eyebrows. He's standing on the sidewalk, his back to me. I'm sitting in the back of the restaurant with a book on the table. After a bit, the man crosses the street with slow steps, you might say calculated, and his head bowed. I ask myself who he might be thinking of. Once, while poking around his establishment, I heard him confess to a Geronian woman that he *had also done crazy things*. Then I managed to catch a few loose words: "trains," "two assassins," "the night in the hotel," "a secret agent," "faulty pipes," "no one was on the other side," "the hypothetical look of." When it got to this point I had to cover the bottom half of my face with a book so they wouldn't catch me laughing. The hypothetical look of his girlfriend, of his wife? The hypothetical look of the hotel owner? (I can also ask myself: the look of the passenger on the train? the girl riding in the window seat who saw the vagabond lay his head on a rail?) And finally: why a hypothetical look?

Now, in the restaurant, as I watch him step up on the other sidewalk and contemplate something fixed upon the windows, behind which I'm sitting, I think maybe I didn't understand his words that day, in part because of the closed-mouth Catalan of this province, in part because of the distance between us. Before long, where the man had been standing for a few seconds, a horrible boy appears. Then the boy moves and the space is filled by a dog, then another dog, then a forty-year-old woman, blonde, then the waiter going to bring in the tables because it's starting to rain.

Ahora llenas la pantalla—una especie de mini periodo barroco—con la voz de la desconocida hablándote de sus amigos. En realidad tú también conoces a esa gente, hace tiempo incluso escribiste dos o cuatro poemas podridamente cínicos sobre la relación terapéutica entre tu verga, tu pasaporte y ellos. Es decir, en la sala de baile fantasmal se reconocían todos los hoyos inmaculados que tú podías poner, en una esquina, y ellos, los Burgueses de Calais de sus propios miedos, en la otra. La voz de la desconocida echa paladas de mierda sobre sus amigos (desde este momento puedes llamarlos *los desconocidos*). Es tan triste. Paisajes satinados donde la gente se divierte antes de la guerra. La voz de la desconocida describe, explica, aventura causas de efectos nunca desastrosos y siempre anémicos. Un paisaje que jamás necesitará un termómetro, cenas tan amables, maneras tan increíbles de despertar por la mañana. Por favor, sigue hablando, te escucho, dices mientras te escabulles corriendo a través de la habitación negra, del momento de la cena negra, de la ducha negra en el baño negro.

Now you fill the screen—a sort of mini baroque period—with the voice of the stranger talking to you about her friends. You actually know them all, too, a while ago you even wrote two or four putridly cynical poems about the therapeutic relationship between your dick, your passport and them. That is, in the ghostly ballroom, you put all the immaculate graves you could fit in one corner, and them, the Burghers of Calais of their own fears, in the other. The voice of the stranger heaves shovels of shit on her friends (from this point on you can call them *the strangers*). It's so sad. Satin landscapes where people enjoy themselves before the war. The voice of the stranger describes, explains, ventures causes of effects never disastrous and always anemic. A landscape that will never need a thermometer, such nice dinners, such incredible ways of waking up in the morning. Please, keep talking, I'm listening, you say while you sneak away running across the black bedroom, the moment of the black dinner, the black shower in the black bathroom.

LA REALIDAD. Había regresado a Gerona, solo, después de tres meses de trabajo. No tenía ninguna posibilidad de conseguir otro y tampoco tenía muchas ganas. La casa, durante mi ausencia, se había llenado de telarañas y las cosas parecían recubiertas por una película verde. Me sentía vacío, sin ganas de escribir y, cuando lo intentaba, incapaz de permanecer sentado durante más de una hora ante una hoja en blanco. Los primeros días ni siquiera me lavaba y pronto me acostumbré a las arañas. Mi actividad se reducía a bajar al correo, donde muy rara vez encontraba una carta de mi hermana, desde México, y en ir al mercado a comprar carne de despojos para la perra.

LA REALIDAD. De alguna manera que no podría explicar la casa parecía tocada por algo que no tenía en el momento de ausentarme. Las cosas parecían más claras, por ejemplo, mi sillón me parecía claro, brillante, y la cocina, aunque llena de polvo pegado a costras de grasa, daba una impresión de blancura, como si se pudiera ver a través de ella. (¿Ver qué? Nada: más blancura.) De la misma manera, las cosas eran más excluyentes. La cocina era la cocina y la mesa era sólo la mesa. Algún día intentaré explicarlo, pero si entonces, a los dos días de haber regresado, ponía las manos o los codos sobre la mesa, experimentaba un dolor agudo, como si estuviera *mordiendo* algo irreparable.

REALITY. I'd returned to Gerona, alone, after three months of work. I had no chance of getting another job and I didn't really want to anyway. The house, in my absence, had filled with cobwebs and things seemed to be covered by a green film. I felt empty, no desire to write and, when I tried, unable to sit still for more than an hour in front of a blank sheet of paper. The first few days I didn't even bathe and soon enough I got used to the spiders. My activities were reduced to going down to the post office, where on rare occasion I found a letter from my sister, from Mexico, and going to the store to buy scraps for the dog.

REALITY. In a way I couldn't explain, the house seemed touched by something it didn't have when I left. Things seemed clearer, for example, my armchair seemed clear, shining, and the kitchen, though full of dust stuck in scabs of grease, gave the impression of whiteness, as if you could see through it. (See what? Nothing: more whiteness.) In the same way, things were more distinguishable. The kitchen was the kitchen and the table just the table. Some day I'll try to explain it, but then, two days after returning, if I set my hands or elbows on the table I experienced a sharp pain, as if I were *biting* something beyond repair.

Llama al jefe y dile que ha empezado a nevar. En la pantalla: la espalda del personaje. Está sentado en el suelo, las rodillas levantadas; delante, como colocados allí por él mismo para estudiarlos, vemos un caleidoscopio, un espejo empañado, una desconocida.

Call the boss and tell him it's started snowing. On the screen: the protagonist's back. He's sitting on the floor, his knees lifted; in front of him, as if he'd placed them there to study, we see a kaleidoscope, a fogged up mirror, a stranger.

EL CALEIDOSCOPIO OBSERVADO. La pasión es geometría. Rombos, cilindros, ángulos latidores. La pasión es geometría que cae al abismo, observada desde el fondo del abismo.

LA DESCONOCIDA OBSERVADA. Senos enrojecidos por el agua caliente. Son las seis de la mañana y la voz en off del hombre todavía dice que la acompañará al tren. No es necesario, dice ella, su cuerpo que se mueve de espaldas a la cámara. Con gestos precisos mete su pijama en la maleta, la cierra, coge un espejo, se mira (allí el espectador tendrá una visión de su rostro: los ojos muy abiertos, aterrorizados), abre la maleta, guarda el espejo, cierra la maleta, se funde …

THE KALEIDOSCOPE OBSERVED. Passion is geometry. Rhombuses, cylinders, pulsing angles. Passion is geometry plunging into the abyss, observed from the depths of the abyss.

THE STRANGER OBSERVED. Breasts pink from hot water. It's six in the morning and the man's voice offscreen is still saying he'll walk her to the train. It's not necessary, she says, her body turning its back to the camera. With precise gestures she shoves her pajamas in her bag, closes it, grabs a mirror, looks at herself (there the viewer will get a glimpse of her face: eyes open wide, terrified), she opens her bag, puts in the mirror, closes the bag, fades out . . .

Esta esperanza yo no la he buscado. Este pabellón silencioso de la Universidad Desconocida.

GERONA, 1981

This hope isn't something I've sought. This silent wing of the Unknown University.

GERONA, 1981

LOS NEOCHILENOS

a Rodrigo Lira

THE NEOCHILEANS

to Rodrigo Lira

El viaje comenzó un feliz día de noviembre
Pero de alguna manera el viaje ya había terminado
Cuando lo empezamos.
Todos los tiempos conviven, dijo Pancho Ferri,
El vocalista. O confluyen,
Vaya uno a saber.
Los prolegómenos, no obstante,
Fueron sencillos:
Abordamos con gesto resignado
La camioneta
Que nuestro mánager en un rapto
De locura
Nos había obsequiado
Y enfilamos hacia el norte,
El norte que imanta los sueños
Y las canciones sin sentido
Aparente
De los Neochilenos,
Un norte, ¿cómo te diría?,
Presentido en el pañuelo blanco
Que a veces cubría
Como un sudario
Mi rostro.
Un pañuelo blanco impoluto
O no
En donde se proyectaban
Mis pesadillas nómadas
Y mis pesadillas sedentarias.
Y Pancho Ferri
Preguntó

The trip began one happy day in November,
But in a sense the trip was over
When we started.
All times coexist, said Pancho Ferri,
The lead singer. Or they converge,
Who knows.
The prologue, however,
Was simple:
With a resigned gesture we boarded
The van our manager
Had given us in a fit
Of madness
And set off for the north,
The north which magnetizes dreams
And the seemingly
Meaningless songs of the Neochileans,
A north, how should I put it?
Foretold in the white kerchief
Sometimes covering
My face
Like a shroud.
A white kerchief unsullied
Or not
On which were projected
My nomadic nightmares
And my sedentary nightmares.
And Pancho Ferri
Asked

Si sabíamos la historia
Del Caraculo
Y el Jetachancho
Asiendo con ambas manos
El volante
Y haciendo vibrar la camioneta
Mientras buscábamos la salida
De Santiago,
Haciéndola vibrar como si fuera
El pecho
Del Caraculo
Que soportaba un peso terrible
Para cualquier humano.
Y recordé entonces que el día
Anterior a nuestra partida
Habíamos estado
En el Parque Forestal
De visita en el monumento
A Rubén Darío.
Adiós, Rubén, dijimos borrachos
Y drogados.
Ahora los hechos banales
Se confunden
Con los gritos anunciadores
De sueños verdaderos.
Pero así éramos los Neochilenos,
Pura inspiración
Y nada de método.
Y al día siguiente rodamos
Hasta Pilpilco y Llay Llay

If we knew the story
Of Caraculo
And Jetachancho
Grasping the steering wheel
With both hands and
Making the van tremble
As we looked for the exit
From Santiago,
Making it tremble as if it were
Caraculo's
Chest
Carrying a weight unbearable
For any human.
And I remembered then that on the day
Before our departure
We'd been
In the *Parque Forestal*
Visiting the monument
To Ruben Dario.
Goodbye, Ruben, we said, drunk
And stoned.
Now those trivial acts
Get confused
With screams heralding
Real dreams.
But that's how we Neochileans were,
Pure inspiration
And no method at all.
And the next day we rolled
On to Pilpilco and Llay Llay

Y pasamos sin detenernos
Por La Ligua y Los Vilos
Y cruzamos el río Petorca
Y el río
Quilimari
Y el Choapa hasta llegar
A La Serena
Y el río Elqui
Y finalmente Copiapó
Y el río Copiapó
En donde nos detuvimos
Para comer empanadas
Frías.
Y Pancho Ferri
Volvió con las aventuras
Intercontinentales
Del Caraculo y del Jetachancho,
Dos músicos de Valparaíso
Perdidos
En el barrio chino de Barcelona.
Y el pobre Caraculo, dijo
El vocalista,
Estaba casado y tenía que
Conseguir plata
Para su mujer y sus hijos
De la estirpe Caraculo,
De tal forma que se puso a traficar
Con heroína
Y un poco de cocaína

And shot through
La Ligua and Los Vilos
Without stopping
And crossed the Petorca River
And the Quilimari
River
And the Choapa until we arrived
At La Serena
And the Elqui River
And finally Copiapó
And the Copiapó River
Where we stopped
To eat cold
Empanadas.
And Pancho Ferri
Returned to the intercontinental
Adventures
Of Caraculo and Jetachancho,
Two musicians from Valparaíso
Lost
In Barcelona's Chinatown.
And poor Caraculo,
The lead singer said,
Was married and needed
To get money
For his wife and children
Of the Caraculo lineage
So badly he started dealing
Heroin
And a little cocaine

Y los viernes algo de éxtasis
Para los súbditos de Venus.
Y poco a poco, obstinadamente,
Empezó a progresar,
Y mientras el Jetachancho
Acompañaba a Aldo Di Pietro,
¿Lo recuerdan?,
En el Café Puerto Rico,
El Caraculo veía crecer
Su cuenta corriente
Y su autoestima.
¿Y qué lección podíamos
Sacar los Neochilenos
De la vida criminal
De aquellos dos sudamericanos
Peregrinos?
Ninguna, salvo que los límites
Son ténues, los límites
Son relativos: gráfilas
De una realidad acuñada
En el vacío.
El horror de Pascal
Mismamente.
Ese horror geométrico
Y oscuro
Y frío
Dijo Pancho Ferri
Al volante de nuestro bólido,
Siempre hacia el
Norte, hasta

And on Fridays a little ecstasy
For the subjects of Venus.
And bit by bit, stubbornly,
He was moving up,
And while Jetachancho
Hung out with Aldo Di Pietro,
Remember him?
In Café Puerto Rico,
Caraculo saw his checking account
And his self-esteem grow.
And what lesson can we
Neochileans learn
From the criminal lives
Of those two South American
Pilgrims?
None, except that limits
Are tenuous, limits
Are relative: reeded edges
Of a reality forged
In the void.
Pascal's horror
Precisely.
That geometric horror
So dark
And cold,
Said Pancho Ferri
At the wheel of our race car,
Always heading
North, till we reached

Toco
En donde descargamos
La megafonía
Y dos horas después
Estábamos listos para actuar:
Pancho Relámpago
Y los Neochilenos.
Un fracaso pequeño
Como una nuez,
Aunque algunos adolescentes
Nos ayudaron
A volver a meter en la camioneta
Los instrumentos: niños
De Toco
Transparentes como
Las figuras geométricas
De Blaise Pascal.
Y después de Toco, Quillagua,
Hilaricos, Soledad, Ramaditas,
Pintados y Humberstone,
Actuando en salas de fiesta vacías
Y burdeles reconvertidos
En hospitales de Liliput,
Algo muy raro, muy raro que tuvieran
Electricidad, muy
Raro que las paredes
Fueran semisólidas, en fin,
Locales que nos daban
Un poco de miedo
Y en donde los clientes

Toco
Where we unloaded
The amp
And two hours later
Were ready to go on:
Pancho Relámpago
And the Neochileans.
A tiny
Pea-sized failure,
Though some teens
Did help us
Load the instruments back
In the van: kids
From Toco
Transparent like
The geometric figures
Of Blaise Pascal.
And after Toco, Quillagua,
Hilaricos, Soledad, Ramaditas,
Pintados and Humberstone,
Playing in empty banquet halls
And brothels converted
Into Lilliputian hospitals,
A really rare sight, rare they even had
Electricity, really
Rare that the walls
Were semi-solid, in short,
Places that kind of
Scared us a little
And where the clients

Estaban encaprichados con
El *fist-fucking* y el
Feet-fucking,
Y los gritos que salían
De las ventanas y
Recorrían el patio encementado
Y las letrinas al aire libre,
Entre almacenes llenos
De herramientas oxidadas
Y galpones que parecían
Recoger toda la luz lunar,
Nos ponían los pelos
De punta.
¿Cómo puede existir
Tanta maldad
En un país tan nuevo,
Tan poquita cosa?
¿Acaso es éste
El Infierno de las Putas?
Se preguntaba en voz alta
Pancho Ferri.
Y los Neochilenos no sabíamos
Qué responder.
Yo más bien reflexionaba
Cómo podían progresar
Esas variantes neoyorkinas del sexo
En aquellos andurriales
Provincianos.
Y con los bolsillos pelados
Seguimos subiendo:

Took a liking to
Fist-fucking and
Feet-fucking,
And the screams that came
Through the windows and
Echoed through the cement courtyard
Through outhouses
Between stores full
Of rusted tools
And sheds that seemed
To collect all the moon's light,
Made our hair
Stand on end.
How can so much evil exist
In a country so new,
So minuscule?
Might this be
The Prostitutes' Hell?
Pancho Ferri
Pondered aloud.
And we Neochileans didn't know
What to answer.
I just sat wondering
How those New York variants of sex
Could go on
In these godforsaken
Provinces.
And with our pockets emptied
We continued north:

Mapocho, Negreiros, Santa
Catalina, Tana,
Cuya y
Arica,
En donde tuvimos
Algo de reposo—e indignidades.
Y tres noches de trabajo
En el *Camafeo* de
Don Luis Sánchez Morales, oficial
Retirado.
Un lugar lleno de mesitas redondas
Y lamparitas barrigonas
Pintadas a mano
Por la mamá de don Luis,
Supongo.
Y la única cosa
Verdaderamente divertida
Que vimos en Arica
Fue el sol de Arica:
Un sol como una estela de
Polvo.
Un sol como arena
O como cal
Arrojada ladinamente
Al aire inmóvil.
El resto: rutina.
Asesinos y conversos
Mezclados en la misma discusión
De sordos y de mudos,
De imbéciles sueltos

Mapocho, Negreiros, Santa
Catalina, Tana,
Cuya and
Arica,
Where we found
Some rest—and indignities.
And three nights of work
In the *Camafeo*, owned by
Don Luis Sánchez Morales, retired
Official.
A place filled with little round tables
And pot-bellied lamps
Hand-painted
By don Luis's mom,
I suppose.
And the only really
Amusing thing
We saw in Arica
Was the sun of Arica:
A sun like a trail
Of dust.
A sun like sand
Or like lime
Tossed artfully
Into the motionless air.
The rest: routine.
Assassins and converts
Chit-chatting
With the deaf and mute,
With imbeciles turned loose

Por el Purgatorio.
Y el abogado Vivanco,
Un amigo de don Luis Sánchez,
Preguntó qué mierdas queríamos decir
Con esa huevada de los Neochilenos.
Nuevos patriotas, dijo Pancho,
Mientras se levantaba
De la reunión
Y se encerraba en el baño.
Y el abogado Vivanco
Volvió a enfundar la pistola
En una sobaquera
De cuero italiano,
Un fino detalle de los chicos
De Ordine Nuovo,
Repujada con primor y pericia.
Blanco como la luna
Esa noche tuvimos que meter
Entre todos
A Pancho Ferri en la cama.
Con cuarenta de fiebre
Empezó a delirar:
Ya no quería que nuestro grupo
Se llamara *Pancho Relámpago*
Y los Neochilenos,
Sino *Pancho Misterio*
Y los Neochilenos:
El terror de Pascal.
El terror de los vocalistas,
El terror de los viajeros,

From Purgatory.
And Vivanco the lawyer,
A friend of don Luis Sánchez,
Asked what the fuck we were trying to say
With all that Neochilean shit.
New patriots, said Pancho,
As he got up
From the table
And locked himself in the bathroom.
And Vivanco the lawyer
Tucked his pistol back
In its holster
Of Italian leather,
A fine repoussé of the boys
Of Ordine Nuovo,
Detailed with delicacy and skill.
White as the moon
That night we had to tuck
Pancho Ferri in bed
Between all of us.
With a 40 degree fever
He was growing delirious:
He didn't want our band
To be called *Pancho Relámpago*
And the Neochileans anymore,
But instead *Pancho Misterio*
And the Neochileans:
Pascal's terror.
The terror of lead singers,
The terror of travelers,

Pero jamás el terror
De los niños.
Y un amanecer,
Como una banda de ladrones,
Salimos de Arica
Y cruzamos la frontera
De la República.
Por nuestros semblantes
Hubiérase dicho que cruzábamos
La frontera de la Razón.
Y el Perú legendario
Se abrió ante nuestra camioneta
Cubierta de polvo
E inmundicias,
Como una fruta sin cáscara,
Como una fruta quimérica
Expuesta a las inclemencias
Y a las afrentas.
Una fruta sin piel
Como una adolescente desollada.
Y Pancho Ferri, desde
Entonces llamado Pancho
Misterio, no salía
De la fiebre,
Musitando como un cura
En la parte de atrás
De la camioneta
Los avatares—palabra india—
Del Caraculo y del Jetachancho.

But never the terror
Of children.
And one morning at dawn,
Like a band of thieves,
We left Arica
And crossed the border
Of the Republic.
By our expressions
You'd have thought we were crossing
The border of Reason.
And the Peru of legend
Opened up in front of our van
Covered in dust
And filth,
Like a piece of fruit without a peel,
Like a chimeric fruit
Exposed to inclemency
And insults.
A fruit without a rind
Like a cocky teenager.
And Pancho Ferri, from
Then on called Pancho
Misterio, didn't break
His fever,
Murmuring like a priest
In the back part
Of the van
The ups and downs,
The avatars—Indian word—
Of Caraculo and Jetachancho.

Una vida delgada y dura
Como soga y sopa de ahorcado,
La del Jetachancho y su
Afortunado hermano siamés:
Una vida o un estudio
De los caprichos del viento.
Y los Neochilenos
Actuaron en Tacna,
En Mollendo y Arequipa,
Bajo el patrocinio de la Sociedad
Para el Fomento del Arte
Y la Juventud.
Sin vocalista, tarareando
Nosotros mismos las canciones
O haciendo mmm, mmm, mmmmh,
Mientras Pancho se fundía
En el fondo de la camioneta,
Devorado por las quimeras
Y por las adolescentes desolladas.
Nadir y cenit de un anhelo
Que el Caraculo supo intuir
A través de las lunas
De los narcotraficantes
De Barcelona: un fulgor
Engañoso,
Un espacio diminuto y vacío
Que nada significa,
Que nada vale, y que
Sin embargo se te ofrece
Gratis.

A life thin and hard
As the soup and noose of a hanged man,
That of Jetachancho and his
Lucky Siamese twin:
A life or a study
Of the wind's caprices.
And the Neochileans
Played in Tacna,
In Mollendo and Arequipa,
Sponsored by the Society
For the Promotion of Art
And Youth.
Without a lead singer, humming
The songs to ourselves
Or going mmm, mmm, mmmmh,
While Pancho was melting away
In the back of the van,
Devoured by chimeras
And cocky teenagers.
Nadir and zenith of a longing
That Caraculo learned to sense
In the moons
Of the drug dealers
Of Barcelona: a deceptive
Glow,
A minute empty space
That means nothing,
That's worth nothing, and that
Nevertheless exposes itself to you
Free of charge.

¿Y si no estuviéramos
En el Perú?, nos
Preguntamos una noche
Los Neochilenos.
¿Y si este espacio
Inmenso
Que nos instruye
Y limita
Fuera una nave intergaláctica,
Un objeto volador
No identificado?
¿Y si la fiebre
De Pancho Misterio
Fuera nuestro combustible
O nuestro aparato de navegación?
Y después de trabajar
Salíamos a caminar por
Las calles del Perú:
Entre patrullas militares, vendedores
Ambulantes y desocupados,
Oteando
En las colinas
Las hogueras de Sendero Luminoso,
Pero nada vimos.
La oscuridad que rodeaba los
Núcleos urbanos
Era total.
Esto es como una estela
Escapada de la Segunda
Guerra Mundial

And if we weren't
In Peru? we
Neochileans
Asked ourselves one night.
And if this immense
Space
That instructs
And limits us
Were an intergalactic ship,
An unidentified
Flying object?
And if Pancho Misterio's
Fever
Were our fuel
Or our navigational device?
And after working
We went out walking
Through the streets of Peru:
With military patrols,
Peddlers and the unemployed,
Scanning
The hills
For Shining Path's bonfires,
But we saw nothing.
The darkness surrounding the
Urban centers
Was total.
This is like a vapor trail
Straight out of
World War II

Dijo Pancho acostado
En el fondo de la camioneta.
Dijo: filamentos
De generales nazis como
Reichenau o Model
Evadidos en espíritu
Y de forma involuntaria
Hacia las Tierras Vírgenes
De Latinoamérica:
Un hinterland de espectros
Y fantasmas.
Nuestra casa
Instalada en la geometría
De los crímenes imposibles.
Y por las noches solíamos
Recorrer algunos cabaretuchos:
Las putas quinceañeras
Descendientes de aquellos bravos
De la Guerra del Pacífico
Gustaban escucharnos hablar
Como ametralladoras.
Pero sobre todo
Les gustaba ver a Pancho
Envuelto en varias y coloridas mantas
Y con un gorro de lana
Del altiplano
Encasquetado hasta las cejas
Aparecer y desaparecer
Como el caballero
Que siempre fue,

Said Pancho lying down
In the back of the van.
He said: filaments
Of Nazi generals like
Reichenau or Model
Escaping in spirit
Involuntarily
To the Virgin Lands
Of Latin America:
A hinterland of specters
And ghosts.
Our home
Positioned within the geometry
Of impossible crimes.
And at night we would
Go out to the clubs:
The sweet-sixteen-year-old whores
Descendents of those brave men
Of the Pacific War
Loved hearing us talk
Like machine guns.
But above all
They loved seeing Pancho,
Wrapped in piles of colored blankets
With his wool cap
From the altiplano
Pulled down to his eyebrows,
Appear and disappear
Like the gentleman
He always was,

Un tipo con suerte,
El gran amante enfermo del sur de Chile,
El padre de los Neochilenos
Y la madre del Caraculo y el Jetachancho,
Dos pobres músicos de Valparaíso,
Como todo el mundo sabe.
Y el amanecer solía encontrarnos
En una mesa del fondo
Hablando del kilo y medio de materia gris
Del cerebro de una persona
Adulta.
Mensajes químicos, decía
Pancho Misterio ardiendo de fiebre,
Neuronas que se activan
Y neuronas que se inhiben
En las vastedades de un anhelo.
Y las putitas decían
Que un kilo y medio de materia
Gris
Era bastante, era suficiente, para qué
Pedir más.
Y a Pancho se le caían
Las lágrimas cuando las escuchaba.
Y luego llegó el diluvio
Y la lluvia trajo el silencio
Sobre las calles de Mollendo,
Y sobre las colinas,
Y sobre las calles del barrio
De las putas,
Y la lluvia era el único

A lucky guy,
The great ailing lover from southern Chile,
The father of the Neochileans.
And the mother of Caraculo and Jetachancho,
Two poor musicians from Valparaíso,
As everyone knows.
And dawn would find us
At a table in the back
Discussing the kilo and a half of gray matter
In the adult
Brain.
Chemical messages, said
Pancho Misterio burning with fever,
Neurons activating themselves
And neurons inhibiting themselves
In the vast expanses of longing.
And the little whores said
A kilo and a half of gray
Matter
Was enough, was sufficient, why
Ask for more.
And Pancho started to
Weep when he heard them.
And then came the flood
And the rain brought silence
Over the streets of Mollendo,
And over the hills,
And over the streets in the barrio
Of the whores,
And the rain was the only

Interlocutor.
Extraño fenómeno: los Neochilenos
Dejamos de hablarnos
Y cada uno por su lado
Visitamos los basurales de
La filosofía, las arcas, los
Colores americanos, el estilo inconfundible
De nacer y renacer.
Y una noche nuestra camioneta
Enfiló hacia Lima, con Pancho
Ferri al volante, como en
Los viejos tiempos,
Salvo que ahora una puta
Lo acompañaba.
Una puta delgada y joven,
De nombre Margarita,
Una adolescente sin par,
Habitante de la tormenta
Permanente.
También hubiérase podido
Llamar Sombra
Ágil
La ramada oscura
Donde curar sus heridas
Pancho pudiera.
Y en Lima leímos a los poetas
Peruanos:
Vallejo, Martín Adán y Jorge Pimentel.
Y Pancho Misterio salió
Al escenario y fue convincente

One talking.
A strange phenomenon: we Neochileans
Shut our mouths
And went our separate ways
Visiting the dumps of
Philosophy, the safes, the
American colors, the unmistakable manner
Of being born and reborn.
And one night our van
Made for Lima, with Pancho
Ferri at the wheel, like in
The old days,
Except now a whore
Was with him.
A thin young whore,
Whose name was Margarita,
An unrivaled teen,
Resident of the permanent
Storm.
You might have also
Called her Agile
Shadow,
The dark ramada
Where Pancho
Might heal his wounds.
And in Lima we read
Peruvian poets:
Vallejo, Martín Adán and Jorge Pimentel.
And Pancho Misterio went out
On stage and was convincing

Y versátil.
Y luego, aún temblorosos
Y sudorosos
Nos contó la historia
De una novela
De un viejo escritor chileno.
Un tragado por el olvido.
Un *nec spes nec metus*
Dijimos los Neochilenos.
Y Margarita dijo:
Un novelista.
Y el fantasma,
El hoyo doliente
En que todo esfuerzo
Se convierte,
Escribió—parece ser—
Una novela llamada *Kundalini*,
Y Pancho apenas la recordaba,
Hacía esfuerzos, sus palabras
Hurgaban en una infancia atroz
Llena de amnesia, de pruebas
Gimnásticas y mentiras,
Y así nos la fue contando,
Fragmentada,
El grito Kundalini,
El nombre de una yegua turfista
Y la muerte colectiva en el hipódromo.
Un hipódromo que ya no existe.
Un hueco anclado
En un Chile inexistente

And versatile.
And later, still trembling
And sweaty,
He told us the plot
Of a novel
By an old Chilean writer.
One swallowed by oblivion.
A *nec spes nec metus*
We Neochileans said.
And Margarita added:
A novelist.
And the ghost,
The mournful hole
Where all endeavors
End,
Wrote—it seems—
A novel called *Kundalini*,
And Pancho could hardly remember it.
He really tried, his words
Poking around in a dreadful infancy
Full of amnesia, gymnastic
Trials and lies,
And he was telling it to us like that,
Fragmented,
The Kundalini scream,
The name of a race-loving mare
And the shared death on the racetrack.
A racetrack that no longer exists.
A hole anchored
In a nonexistent Chile

Y feliz.
Y aquella historia tuvo
La virtud de iluminar
Como un paisajista inglés
Nuestro miedo y nuestros sueños
Que marchaban de Este a Oeste
Y de Oeste a Este,
Mientras nosotros, los Neochilenos
Reales
Viajábamos de Sur
A Norte.
Y tan lentos
Que parecía que no nos movíamos.
Y Lima fue un instante
De felicidad,
Breve pero eficaz.
¿Y cuál es la relación, dijo Pancho,
Entre Morfeo, dios
Del sueño
Y morfar, vulgo
Comer?
Sí, eso dijo,
Abrazado por la cintura
De la bella Margarita,
Flaca y casi desnuda
En un bar de Lince, una noche
Leída y partida y
Poseída
Por los relámpagos
De la quimera.

That's happy.
And the story had
The virtue to illuminate
Like an English landscape painter
Our fear and our dreams
Which were marching East to West
And West to East,
While we, the real
Neochileans
Traveled from South
To North.
And so slowly
It seemed we weren't moving.
And Lima was an instant
Of happiness.
Brief but effective.
And what is the relationship, asked Pancho,
Between Morpheus, god
Of Sleep
And *morfar*, slang
To eat?
Yes, that's what he said,
Hugged around the waist
By the lovely Margarita,
Skinny and almost naked
In a bar in Lince, one night
Glimpsed and fractured and
Possessed
By the lightning bolts
Of the chimera.

Nuestra necesidad.
Nuestra boca abierta
Por la que entra
La papa
Y por la que salen
Los sueños: estelas
Fósiles
Coloreadas con la paleta
Del apocalipsis.
Sobrevivientes, dijo Pancho
Ferri.
Latinoamericanos con suerte.
Eso es todo.
Y una noche antes de partir
Vimos a Pancho
Y a Margarita
De pie en medio de un lodazal
Infinito.
Y entonces supimos
Que los Neochilenos
Estarían para siempre
Gobernados
Por el azar.
La moneda
Saltó como un insecto
Metálico
De entre sus dedos:
Cara, al sur,
Cruz, al norte,
Y luego nos subimos todos

Our necessity.
Our open mouth
Where bread
Goes in
And dreams
Come out: vapor trails
Fossils
Colored with the palette
Of the apocalypse.
Survivors, said Pancho
Ferri.
Lucky Latin Americans.
That's it.
And one night before leaving
We saw Pancho
And Margarita
Standing in the middle of an infinite
Quagmire.
And then we realized
The Neochileans
Would be forever
Governed
By chance.
The coin
Leapt like a metallic
Insect
From between his fingers:
Heads, to the south,
Tails, to the north,
And we all piled into

A la camioneta
Y la ciudad
De las leyendas
Y del miedo
Quedó atrás.
Un feliz día de enero
Cruzamos
Como hijos del Frío,
Del Frío Inestable
O del Ecce Homo,
La frontera con Ecuador.
Por entonces Pancho tenía
28 ó 29 años
Y pronto moriría.
Y 17 Margarita.
Y ninguno de los Neochilenos
Pasaba de los 22.

BLANES, 1993

The van
And the city
Of legends
And fear
Stayed behind.
One happy day in January
We crossed
Like children of the Cold,
Of the Unstable Cold
Or of the Ecce Homo,
The border of Ecuador.
At the time Pancho was
28 or 29 years old
And soon he would die.
And Margarita was 17.
And none of the Neochileans
Was over 22.

BLANES, 1993

UN PASEO
POR LA LITERATURA

para Rodrigo Pinto y Andrés Neuman

A STROLL
THROUGH LITERATURE

for Rodrigo Pinto and Andrés Neuman

1. Soñé que Georges Perec tenía tres años y visitaba mi casa. Lo abrazaba, lo besaba, le decía que era un niño precioso.

2. A medio hacer quedamos, padre, ni cocidos ni crudos, perdidos en la grandeza de este basural interminable, errando y equivocándonos, matando y pidiendo perdón, maniacos depresivos en tu sueño, padre, tu sueño que no tenía límites y que hemos desentrañado mil veces y luego mil veces más, como detectives latinoamericanos perdidos en un laberinto de cristal y barro, viajando bajo la lluvia, viendo películas donde aparecían viejos que gritaban *¡tornado! ¡tornado!*, mirando las cosas por última vez, pero sin verlas, como espectros, como ranas en el fondo de un pozo, padre, perdidos en la miseria de tu sueño utópico, perdidos en la variedad de tus voces y de tus abismos, maniacos depresivos en la inabarcable sala del Infierno donde se cocina tu Humor.

1. I dreamt that Georges Perec was three years old and visiting my house. I was hugging him, kissing him, saying what a sweet boy he was.

2. We're underdone, father, not cooked or raw, lost in the vastness of this endless dump, wandering and going astray, killing and asking forgiveness, manic depressives in your dream, father, your dream that had no borders and that we've disemboweled a thousand times and then a thousand more, like Latin American detectives lost in a labyrinth of crystal and mud, traveling in the rain, seeing movies where old men appear screaming *tornado! tornado!*, watching things for the last time, but without seeing them, like specters, like frogs at the bottom of a well, father, lost in the misery of your utopian dream, lost in the variety of your voices and your abysses, manic depressives in the boundless room of Hell where your Humor cooks.

3. A medio hacer, ni crudos ni cocidos, bipolares capaces de cabalgar el huracán.

4. En estas desolaciones, padre, donde de tu risa sólo quedaban restos arqueológicos.

5. Nosotros, los *nec spes nec metus*.

3. Underdone, not raw or cooked, bipolars capable of riding the hurricane.

4. In these ruins, father, where archeological remains are all that's left of your laughter.

5. We, the *nec spes nec metus*.

6. Y alguien dijo:

Hermana de nuestra memoria feroz,
sobre el valor es mejor no hablar.
Quien pudo vencer el miedo
se hizo valiente para siempre.
Bailemos, pues, mientras pasa la noche
como una gigantesca caja de zapatos
por encima del acantilado y la terraza
en un pliegue de la realidad, de lo posible,
en donde la amabilidad no es una excepción.
Bailemos en el reflejo incierto
de los detectives latinoamericanos,
un charco de lluvia donde se reflejan nuestros rostros
cada diez años.

Después llegó el sueño.

6. And someone said:

Sister of our ferocious memory,
it's better not to speak of courage.
He who was able to conquer fear
became brave forever.
Let's dance, then, while the night goes on
like a gigantic shoebox
atop the cliff and the terrace
in a fold of reality, of possibility,
where kindness isn't an exception.
Let's dance on the uncertain reflection
of the Latin American detectives,
a puddle of rain where our faces are reflected
every ten years.

Then came sleep.

7. Soñé entonces que visitaba la mansión de Alonso de Ercilla. Yo tenía sesenta años y estaba despedazado por la enfermedad (literalmente me caía a pedazos). Ercilla tenía unos noventa y agonizaba en una enorme cama con dosel. El viejo me miraba desdeñoso y después me pedía un vaso de aguardiente. Yo buscaba y rebuscaba el aguardiente pero sólo encontraba aperos de montar.

7. Next I dreamt I was visiting Alonso de Ercilla's mansion. I was sixty years old and broken by sickness (I was literally falling to pieces). Ercilla was about ninety and was writhing in an enormous canopy bed. The old man was watching me with disdain and then he asked me for a glass of aguardiente. I was searching and searching for the aguardiente but could only find riding gear.

8. Soñé que iba caminando por el Paseo Marítimo de Nueva York y veía a lo lejos la figura de Manuel Puig. Llevaba una camisa celeste y unos pantalones de lona ligera, azul claro o azul oscuro, depende.

9. Soñé que Macedonio Fernández aparecía en el cielo de Nueva York en forma de nube: una nube sin nariz ni orejas, pero con ojos y boca.

8. I dreamt I was out walking on the boardwalk in New York and in the distance I could see the figure of Manuel Puig. He was wearing a sky-blue shirt and lightweight canvas pants, light blue or dark blue, depending.

9. I dreamt that Macedonio Fernández appeared in the sky over New York in the form of a cloud: a cloud without nose or ears, but with eyes and mouth.

10. Soñé que estaba en un camino de África que de pronto se transformaba en un camino de México. Sentado en un farellón, Efraín Huerta jugaba a los dados con los poetas mendicantes del DF.

11. Soñé que en un cementerio olvidado de África encontraba la tumba de un amigo cuyo rostro ya no podía recordar.

10. I dreamt I was on an African road that suddenly transformed into a Mexican road. Sitting on a jetty, Efraín Huerta was playing dice with the mendicant Mexico City poets.

11. I dreamt that in a forgotten African cemetery I came across the tomb of a friend whose face I could no longer remember.

12. Soñé que una tarde golpeaban la puerta de mi casa. Estaba nevando. Yo no tenía estufa ni dinero. Creo que hasta la luz me iban a cortar. ¿Y quién estaba al otro lado de la puerta? Enrique Lihn con una botella de vino, un paquete de comida y un cheque de la Universidad Desconocida.

12. I dreamt that one afternoon they were banging on the door to my house. It was snowing. I didn't have a stove or any money. I think they were even going to cut off the electricity. And who was on the other side of the door? Enrique Lihn with a bottle of wine, a bag of food and a check from the Unknown University.

13. Soñé que leía a Stendhal en la Estación Nuclear de Civita-vecchia: una sombra se deslizaba por la cerámica de los reac-tores. Es el fantasma de Stendhal decía un joven con botas y desnudo de cintura para arriba. ¿Y tú quién eres?, le pregunté. Soy el yonqui de la cerámica, el húsar de la cerámica y de la mierda, dijo.

13. I dreamt I was reading Stendhal in the Civitavecchia Nuclear Station: a shadow was sliding across the tiles of the reactors. It's Stendhal's ghost, said a young man in boots, naked from the waist up. And who are you? I asked. I'm the tile junkie, the hussar of tiles and shit, he said.

14. Soñé que estaba soñando, habíamos perdido la revolución antes de hacerla y decidía volver a casa. Al intentar meterme en la cama encontraba a De Quincey durmiendo. Despierte, don Tomás, le decía, ya va a amanecer, tiene que irse. (Como si De Quincey fuera un vampiro.) Pero nadie me escuchaba y volvía a salir a las calles oscuras de México DF.

14. I dreamt I was dreaming, we'd lost the revolution before launching it and I decided to go home. When I tried to get in bed I found De Quincey sleeping. Wake up, Sir Thomas, I was saying, it's just about morning, you have to go. (As if De Quincey were a vampire.) But no one was hearing me and I was heading back out on the dark streets of Mexico City.

15. Soñé que veía nacer y morir a Aloysius Bertrand el mismo día, casi sin intervalo de tiempo, como si los dos viviéramos dentro de un calendario de piedra perdido en el espacio.

16. Soñé que era un detective viejo y enfermo. Tan enfermo que literalmente me caía a pedazos. Iba tras las huellas de Gui Rosey. Caminaba por los barrios de un puerto que podía ser Marsella o no. Un viejo chino afable me conducía finalmente a un sótano. Esto es lo que queda de Rosey, decía. Un pequeño montón de cenizas. Tal como está, podría ser Li Po, le contestaba.

17. Soñé que era un detective viejo y enfermo y que buscaba gente perdida hace tiempo. A veces me miraba casualmente en un espejo y reconocía a Roberto Bolaño.

15. I dreamt I saw the birth and death of Aloysius Bertrand on the same day, with practically no time in between, as if both of us lived within a stone calendar lost in space.

16. I dreamt I was an old, sick detective. So sick I was literally falling to pieces. I was following the tracks of Gui Rosey. I was walking through the neighborhoods of a port that could have been Marseille, or not. A kind old Chinese man was finally leading me to a basement. This is what's left of Rosey, he was saying. A little pile of ash. In this state he could be Li Po, I answered.

17. I dreamt I was an old, sick detective and I was looking for people lost long ago. Sometimes I'd look at myself casually in a mirror and recognize Roberto Bolaño.

18. Soñé que Archibald MacLeish lloraba—apenas tres lágrimas—en la terraza de un restaurante de Cape Cod. Era más de medianoche y pese a que yo no sabía cómo volver terminábamos bebiendo y brindando por el Indómito Nuevo Mundo.

19. Soñé con los Fiambres y las Playas Olvidadas.

20. Soñé que el cadáver volvía a la Tierra Prometida montado en una Legión de Toros Mecánicos.

18. I dreamt that Archibald MacLeish was crying—just three tears—on the terrace of a Cape Cod restaurant. It was after midnight and even though I didn't know the way back we ended up drinking and toasting the Indomitable New World.

19. I dreamt of Carcasses and Forgotten Beaches.

20. I dreamt that the corpse was returning to the Promised Land riding a Legion of Mechanical Bulls.

21. Soñé que tenía catorce años y que era el último ser humano del Hemisferio Sur que leía a los hermanos Goncourt.

22. Soñé que encontraba a Gabriela Mistral en una aldea africana. Había adelgazado un poco y adquirido la costumbre de dormir sentada en el suelo con la cabeza sobre las rodillas. Hasta los mosquitos parecían conocerla.

23. Soñé que volvía de África en un autobús lleno de animales muertos. En una frontera cualquiera aparecía un veterinario sin rostro. Su cara era como un gas, pero yo sabía quién era.

21. I dreamt I was fourteen and was the last human being in the Southern Hemisphere who was reading the Goncourt brothers.

22. I dreamt I found Gabriela Mistral in an African village. She'd lost a little weight and picked up the habit of sleeping on the floor, sitting with her head on her knees. Even the mosquitoes seemed to know her.

23. I dreamt I was coming back from Africa on a bus full of dead animals. At some border crossing a faceless veterinarian appeared. His features were like gas, but I knew who he was.

24. Soñé que Philip K. Dick paseaba por la Estación Nuclear de Civitavecchia.

25. Soñé que Arquíloco atravesaba un desierto de huesos humanos. Se daba ánimos a sí mismo: «Vamos, Arquíloco, no desfallezcas, adelante, adelante.»

24. I dreamt that Philip K. Dick was walking around the Civitavecchia Nuclear Station.

25. I dreamt that Archilochus was crossing a desert of human bones. He was encouraging himself: "Come on, Archilochus, don't falter, keep going, keep going."

26. Soñé que tenía quince años y que iba a la casa de Nicanor Parra a despedirme. Lo encontraba de pie, apoyado en una pared negra. ¿Adónde vas, Bolaño?, decía. Lejos del Hemisferio Sur, le contestaba.

27. Soñé que tenía quince años y que, en efecto, me marchaba del Hemisferio Sur. Al meter en mi mochila el único libro que tenía (*Trilce*, de Vallejo), éste se quemaba. Eran las siete de la tarde y yo arrojaba mi mochila chamuscada por la ventana.

26. I dreamt I was fifteen and was going to Nicanor Parra's house to say goodbye. I found him standing, leaning against a black wall. Where are you going, Bolaño? he said. Far from the Southern Hemisphere, I answered.

27. I dreamt I was fifteen and was, in fact, leaving the Southern Hemisphere. When I put the only book I had (*Trilce* by Vallejo) in my backpack, the pages went up in flames. It was seven p.m. and I chucked my scorched backpack out the window.

28. Soñé que tenía dieciséis y que Martín Adán me daba clases de piano. Los dedos del viejo, largos como los del Fantástico Hombre de Goma, se hundían en el suelo y tecleaban sobre una cadena de volcanes subterráneos.

28. I dreamt I was sixteen and Martín Adán was giving me piano lessons. The old man's fingers, long as the Amazing Rubber Man's, plunged through the floor and played a chain of underground volcanoes.

29. Soñé que traducía a Virgilio con una piedra. Yo estaba desnudo sobre una gran losa de basalto y el sol, como decían los pilotos de caza, flotaba peligrosamente a las 5.

30. Soñé que estaba muriéndome en un patio africano y que un poeta llamado Paulin Joachim me hablaba en francés (sólo entendía fragmentos como *«el consuelo», «el tiempo», «los años que vendrán»*) mientras un mono ahorcado se balanceaba de la rama de un árbol.

29. I dreamt I was translating Virgil with a stone. I was naked on a big basaltic flagstone and the sun, as fighter pilots say, hovered dangerously at 5 o'clock.

30. I dreamt I was dying on an African terrace and a poet named Paulin Joachim was speaking to me in French (I only understood fragments like "consolation," "time," "years to come") while a hanged monkey swung from the branch of a tree.

31. Soñé que la Tierra se acababa. Y que el único ser humano que contemplaba el final era Franz Kafka. En el cielo los Titanes luchaban a muerte. Desde un asiento de hierro forjado del parque de Nueva York Kafka veía arder el mundo.

32. Soñé que estaba soñando y que volvía a mi casa demasiado tarde. En mi cama encontraba a Mario de Sá-Carneiro durmiendo con mi primer amor. Al destaparlos descubría que estaban muertos y mordiéndome los labios hasta hacerme sangre volvía a los caminos vecinales.

33. Soñé que Anacreonte construía su castillo en la cima de una colina pelada y luego lo destruía.

31. I dreamt that Earth was finished. And the only human being to contemplate the end was Franz Kafka. In heaven, the Titans were fighting to the death. From a wrought-iron bench in Central Park, Kafka was watching the world burn.

32. I dreamt I was dreaming and I came home too late. In my bed I found Mario de Sá-Carneiro sleeping with my first love. When I uncovered them I found they were dead and, biting my lips till they bled, I went back to the streets.

33. I dreamt that Anacreon was building his castle on the top of a barren hill and then destroying it.

34. Soñé que era un detective latinoamericano muy viejo. Vivía en Nueva York y Mark Twain me contrataba para salvarle la vida a alguien que no tenía rostro. Va a ser un caso condenadamente difícil, señor Twain, le decía.

35. Soñé que me enamoraba de Alice Sheldon. Ella no me quería. Así que intentaba hacerme matar en tres continentes. Pasaban los años. Por fin, cuando ya era muy viejo, ella aparecía por el otro extremo del Paseo Marítimo de Nueva York y mediante señas (como las que hacían en los portaaviones para que los pilotos aterrizaran) me decía que siempre me había querido.

34. I dreamt I was a really old Latin American detective. I lived in New York and Mark Twain was hiring me to save the life of someone without a face. It's going to be a damn tough case, Mr. Twain, I told him.

35. I dreamt I was falling in love with Alice Sheldon. She didn't want me. So I tried getting myself killed on three continents. Years passed. Finally, when I was really old, she appeared on the other end of the boardwalk in New York and with signals (like the ones they use on aircraft carriers to help the pilots land) she told me she'd always loved me.

36. Soñé que hacía un 69 con Anaïs Nin sobre una enorme losa de basalto.

37. Soñé que follaba con Carson McCullers en una habitación en penumbras en la primavera de 1981. Y los dos nos sentíamos irracionalmente felices.

36. I dreamt I was 69ing with Anaïs Nin on an enormous basaltic flagstone.

37. I dreamt I was fucking Carson McCullers in a dim-lit room in the spring of 1981. And we both felt irrationally happy.

38. Soñé que volvía a mi viejo Liceo y que Alphonse Daudet era mi profesor de francés. Algo imperceptible nos indicaba que estábamos soñando. Daudet miraba a cada rato por la ventana y fumaba la pipa de Tartarín.

39. Soñé que me quedaba dormido mientras mis compañeros de Liceo intentaban liberar a Robert Desnos del campo de concentración de Terezin. Cuando despertaba una voz me ordenaba que me pusiera en movimiento. Rápido, Bolaño, rápido, no hay tiempo que perder. Al llegar sólo encontraba a un viejo detective escarbando en las ruinas humeantes del asalto.

38. I dreamt I was back at my old high school and Alphonse Daudet was my French teacher. Something imperceptible made us realize we were dreaming. Daudet kept looking out the window and smoking Tartarin's pipe.

39. I dreamt I kept sleeping while my classmates tried to liberate Robert Desnos from the Terezín concentration camp. When I woke a voice was telling me to get moving. Quick, Bolaño, quick, there's no time to lose. When I got there, all I found was an old detective picking through the smoking ruins of the attack.

40. Soñé que una tormenta de números fantasmales era lo único que quedaba de los seres humanos tres mil millones de años después de que la Tierra hubiera dejado de existir.

41. Soñé que estaba soñando y que en los túneles de los sueños encontraba el sueño de Roque Dalton: el sueño de los valientes que murieron por una quimera de mierda.

40. I dreamt that a storm of phantom numbers was the only thing left of human beings three billion years after Earth ceased to exist.

41. I dreamt I was dreaming and in the dream tunnels I found Roque Dalton's dream: the dream of the brave ones who died for a fucking chimera.

42. Soñé que tenía dieciocho años y que veía a mi mejor amigo de entonces, que también tenía dieciocho, haciendo el amor con Walt Whitman. Lo hacían en un sillón, contemplando el atardecer borrascoso de Civitavecchia.

43. Soñé que estaba preso y que Boecio era mi compañero de celda. Mira, Bolaño, decía extendiendo la mano y la pluma en la semioscuridad: ¡no tiemblan!, ¡no tiemblan! (Después de un rato, añadía con voz tranquila: pero temblarán cuando reconozcan al cabrón de Teodorico.)

44. Soñé que traducía al Marqués de Sade a golpes de hacha. Me había vuelto loco y vivía en un bosque.

42. I dreamt I was eighteen and saw my best friend at the time, who was also eighteen, making love to Walt Whitman. They did it in an armchair, contemplating the stormy Civitavecchia sunset.

43. I dreamt I was a prisoner and Boethius was my cellmate. Look, Bolaño, he said extending his hand and his pen in the shadows: they're not trembling! they're not trembling! (After a while, he added in a calm voice: but they'll tremble when they recognize that bastard Theodoric.)

44. I dreamt I was translating the Marquis de Sade with axe blows. I'd gone crazy and was living in the woods.

45. Soñé que Pascal hablaba del miedo con palabras cristalinas en una taberna de Civitavecchia: «*Los milagros no sirven para convertir, sino para condenar*», decía.

45. I dreamt that Pascal was talking about fear with crystal clear words at a tavern in Civitavecchia: "*Miracles don't convert, they condemn,*" he said.

46. Soñé que era un viejo detective latinoamericano y que una Fundación misteriosa me encargaba encontrar las actas de defunción de los Sudacas Voladores. Viajaba por todo el mundo: hospitales, campos de batalla, pulquerías, escuelas abandonadas.

47. Soñé que Baudelaire hacía el amor con una sombra en una habitación donde se había cometido un crimen. Pero a Baudelaire no le importaba. Siempre es lo mismo, decía.

46. I dreamt I was an old Latin American detective and a mysterious Foundation hired me to find the death certificates of the Flying Spics. I was traveling all around the world: hospitals, battlefields, pulque bars, abandoned schools.

47. I dreamt that Baudelaire was making love to a shadow in a room where a crime had been committed. But Baudelaire didn't care. It's always the same, he said.

48. Soñé que una adolescente de dieciséis años entraba en el túnel de los sueños y nos despertaba con dos tipos de vara. La niña vivía en un manicomio y poco a poco se iba volviendo más loca.

49. Soñé que en las diligencias que entraban y salían de Civitavecchia veía el rostro de Marcel Schwob. La visión era fugaz. Un rostro casi translúcido, con los ojos cansados, apretado de felicidad y de dolor.

48. I dreamt that a sixteen-year-old girl was coming into the dream tunnel and waking us up with two kinds of rod. The girl lived in a nuthouse and bit by bit she was going more crazy.

49. I dreamt that in the stagecoaches entering and leaving Civitavecchia I saw Marcel Schwob's face. The vision was fleeting. An almost translucent face, with tired eyes. Twisted with happiness and pain.

50. Soñé que después de la tormenta un escritor ruso y también sus amigos franceses optaban por la felicidad. Sin preguntar ni pedir nada. Como quien se derrumba sin sentido sobre su alfombra favorita.

51. Soñé que los soñadores habían ido a la guerra florida. Nadie había regresado. En los tablones de cuarteles olvidados en las montañas alcancé a leer algunos nombres. Desde un lugar remoto una voz transmitía una y otra vez las consignas por las que ellos se habían condenado.

50. I dreamt that after the storm a Russian writer and his French friends, too, opted for happiness. Without posing questions or asking for anything. Like someone who, for no reason, breaks down on his favorite carpet.

51. I dreamt the dreamers had gone to the flower war. No one had come back. On the planks of forgotten barracks in the mountains I managed to make out a few names. From far away a voice was broadcasting over and over the orders by which they'd been condemned.

52. Soñé que el viento movía el letrero gastado de una taberna. En el interior James Matthew Barrie jugaba a los dados con cinco caballeros amenazantes.

53. Soñé que volvía a los caminos, pero esta vez ya no tenía quince años sino más de cuarenta. Sólo poseía un libro, que llevaba en mi pequeña mochila. De pronto, mientras iba caminando, el libro comenzaba a arder. Amanecía y casi no pasaban coches. Mientras arrojaba la mochila chamuscada en una acequia sentí que la espalda me escocía como si tuviera alas.

52. I dreamt the wind was knocking the worn sign outside a tavern. Inside, James Matthew Barrie was playing dice with five menacing gentlemen.

53. I dreamt I went back to the streets, but this time I wasn't fifteen but over forty. All I had was a book, which I carried in my tiny backpack. At once, while I was walking, the book started to burn. It was getting light out and hardly any cars passed. When I chucked my scorched backpack into a ditch my back was stinging as if I had wings.

54. Soñé que los caminos de África estaban llenos de gambusinos, bandeirantes, sumulistas.

55. Soñé que nadie muere la víspera.

54. I dreamt that the streets of Africa were full of prospectors, bandeirantes, summists.

55. I dreamt that no one dies the eve.

56. Soñé que un hombre volvía la vista atrás, sobre el paisaje anamórfico de los sueños, y que su mirada era dura como el acero pero igual se fragmentaba en múltiples miradas cada vez más inocentes, cada vez más desvalidas.

57. Soñé que Georges Perec tenía tres años y lloraba desconsoladamente. Yo intentaba calmarlo. Lo tomaba en brazos, le compraba golosinas, libros para pintar. Luego nos íbamos al Paseo Marítimo de Nueva York y mientras él jugaba en el tobogán yo me decía a mí mismo: no sirvo para nada, pero serviré para cuidarte, nadie te hará daño, nadie intentará matarte. Después se ponía a llover y volvíamos tranquilamente a casa. ¿Pero dónde estaba nuestra casa?

BLANES, 1994

56. I dreamt that a man was looking back over the anamorphic landscape of dreams, and his gaze, though hard as steel, splintered into multiple gazes, each more innocent, each more defenseless.

57. I dreamt that Georges Perec was three years old and crying inconsolably. I tried to calm him down. I took him in my arms, bought him candy, coloring books. Then we went to the boardwalk in New York and while he played on the slide I said to myself: I'm good for nothing, but I'll be good at taking care of you, no one will hurt you, no one will try to kill you. Then it started to rain and we calmly went back home. But where was our home?

BLANES, 1994

Also by Roberto Bolaño

AVAILABLE FROM NEW DIRECTIONS